Índice

Rourke Educational Media
rourkeeducationalmedia.com

¿Puedes encontrar estas palabras?

cajera

cosecha

dinero

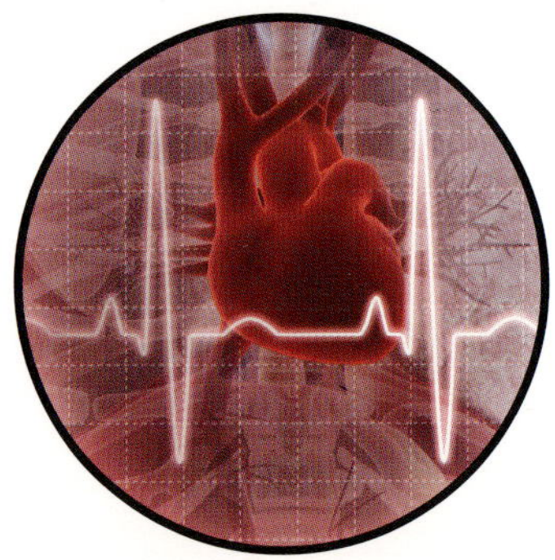

latidos

¿Quién cuenta?

¿Cuántos? ¿Cuánto cuesta? ¡Contemos!

Una granjera trabaja en una granja.

Cuenta lo que **cosecha**.

Un enfermero trabaja en un hospital.

Cuenta **latidos.**

Una **cajera** trabaja en un banco.

Cuenta **dinero**.

Un bibliotecario trabaja en una biblioteca.

Cuenta libros.

Una panadera trabaja en una panadería.

Cuenta dulces. ¡Ñami!

¿Encontraste estas palabras?

Una **cajera** trabaja en un banco.

Cuenta lo que **cosecha**.

Cuenta **dinero**.

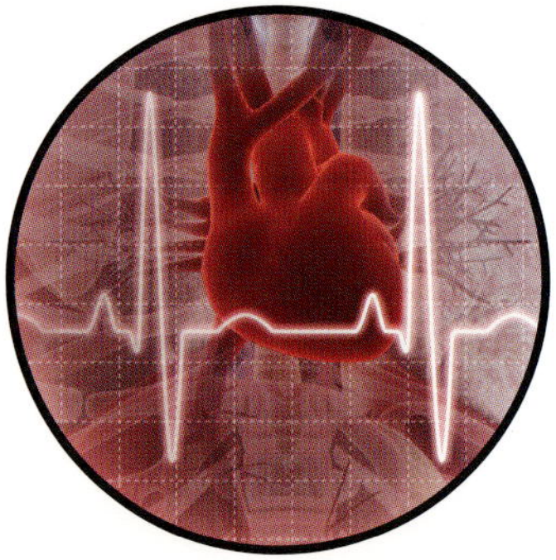

Cuenta **latidos**.

Glosario fotográfico

cajera: una persona que trabaja en un banco, y que da y recibe dinero.

cosecha: plantas cultivadas para que coman las personas o los animales.

dinero: monedas y billetes que la gente usa para comprar cosas.

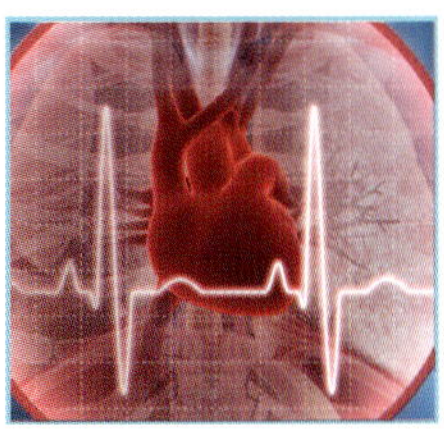

latidos: golpes producidos por el bombeo del corazón.

Índice analítico

Sobre la autora

Charlotte Hunter escribe libros sobre todos los temas, desde la amistad hasta las frutas. Cuando no está escribiendo, le gusta hacer largas caminatas con su perra Penny.

www.rourkeeducationalmedia.com

PHOTO CREDITS: Cover: ©stacey_newman; p.2,4-5,14,15: ©bluecinema; p.2,7,14,15: ©Mads Abildgaard; p.2,8-9,14,15: ©Nancy Louie; p.3: ©AfricaImages; p.6-7: ©mediaphotos; p.10-11: ©Trish233; p.12-13: ©LightField Studios

Edición: Keli Sipperley
Diseño de la tapa e interior: Rhea Magaro-Wallace
Traducción: Santiago Ochoa
Edición en español: Base Tres

Library of Congress PCN Data
¿Quién cuenta? / Charolette Hunter
(Días de descubrimiento)
ISBN (hard cover - spanish)(alk. paper) 978-1-64156-931-6
ISBN (soft cover - spanish) 978-1-64156-955-2
ISBN (e-Book - spanish) 978-1-64156-979-8
ISBN (hard cover - english)(alk. paper) 978-1-64156-166-2
ISBN (soft cover - english) 978-1-64156-222-5
ISBN (e-Book - english) 978-1-64156-276-8
Library of Congress Control Number: 2018956002

Printed in the United States of America, North Mankato, Minnesota